서정시학 서정시 148

고요공장

김수복 시집

서정시학

김수복金秀福

1953년 경남 함양 출생.
단국대 국문과, 동 대학원 문학박사.
단국대 문예창작과 교수 역임. 현 단국대 총장.
1975년 『한국문학』으로 등단.
시집 『지리산 타령』, 『낮에 나온 반달』, 『새를 기다리며』, 『또 다른 사월』, 『모든 길들은 노래를 부른다』, 『사라진 폭포』, 『우물의 눈동자』, 『달을 따라 걷다』, 『외박』, 『하늘 우체국』, 『밤하늘이 시를 쓰다』, 『슬픔이 환해지다』 등.
편운문학상, 서정시학 작품상, 풀꽃문학상, 한국시인협회상 수상.

서정시학 서정시 148
고요공장

2022년 2월 28일 초판 1쇄 발행
2022년 6월 10일 초판 2쇄 발행

지 은 이 · 김수복
펴 낸 이 · 최단아
편집교정 · 정우진
펴 낸 곳 · 도서출판 서정시학
인 쇄 소 · ㈜상지사

주　　소 · 서울시 서초구 서초중앙로 18, 504호(서초동, 쌍용플래티넘)
전　　화 · 02-928-7016
팩　　스 · 02-922-7017
이 메 일 · lyricpoetics@gmail.com
출판등록 · 209-91-66271
ISBN 979-11-88903-92-4 03810
계좌번호: 국민 070101-04-072847 최단아(서정시학)

값 12,000원

* 이 책의 판권은 지은이와 도서출판 서정시학에 있습니다. 양측의 서면 동의 없이 무단 전재 및 복제를 금합니다.
* 잘못된 책은 바꾸어 드립니다.

사람은 가고

정든 사람은 가고

그의 배만 돌아왔다

— 「차안此岸」 전문

시인의 말

걸어온 굽잇길을 돌아보니
고백할 길이 늘어서 있다.
이 중턱만큼의 동행도 행복하다.
내 영혼이 당신 뜻대로 살아남는다면
이 시들이 그 몸이다.

임인년 정월
김수복

차 례

시인의 말 | 5

1부

피안彼岸 | 17
쌍봉낙타 | 18
월식月蝕 | 19
봄비 소리 | 20
먼 소식 | 21
젊은 가을 저녁 | 22
친연親緣 | 23
귀가 열려 있다 | 24
보리밭 너머 | 25
문신文身 | 26
연꽃 | 27
파꽃 | 28
자전自轉 | 29
백로白露 | 30
잔설殘雪 | 31
아무도 몰랐다 | 32

조등弔燈 | 33
사타구니 골목 | 34
떡갈나무 숲 | 35

2부

입춘立春 | 39
탕아蕩兒 | 40
응달 | 41
새순이 나온다 | 42
밥 | 43
깃발 | 44
물소리 밥통 | 45
그늘 | 46
눈물샘 | 47
고요공장 | 48

북 | 49

달방 | 50

저녁 식탁 | 51

나팔꽃 | 52

어린 나무 옆에서 | 53

이슬 | 54

양털 구름 | 55

그날 | 56

봄바람 | 57

3부

화관花棺 | 61

구름 뒤에서 | 62

왼쪽 | 63

묵언수행默言修行 | 64

파장罷場 | 65

거울 | 66

문득, 스쳐 가다 | 67

천둥 | 68

사월이 오면 | 69

중천中天 | 70

망망대해茫茫大海 | 71

노랑지빠귀 날다 | 72

곁눈 | 73

천리향 필 때 | 74

외설악 | 75

숨비소리 | 76

고개 | 77

한반도 | 78

천의天衣 | 79

동해가 두만강에게 | 80
공동경비구역 | 82
저녁 바다의 가족 | 83

4부

물소리가 바랑을 메고 | 87
중턱 | 88
다시 울다 | 89
모항 | 90
먼 등대 | 91
낮달 | 92
신전神殿 | 93
마지막 고백 | 94
하루가 또 하루에게 | 95

그의 얼굴 | 96

나이를 먹는 대낮 | 97

더 호텔 아담 | 98

악사樂士 | 99

현인賢人 | 100

그의 미소 | 101

개화開花 | 102

하산下山 | 103

설산雪山 | 104

배꼽 | 105

여우가 지나가다 | 106

차안此岸 | 107

해설 | 정갈하고 은은한 정신적 극점과 존재론적 귀환 과정 / **유성호** | 108

고요공장

1부

피안彼岸

배는 가고

빈 그만 남아 있다

쌍봉낙타

두 발을 모으고 무릎을 꿇는다
하루 종일 걸어왔다
산봉우리에서 해가 내려선다

월식月蝕

먹구름도 덕을 쌓으면
보름달이 되겠지

봄비 소리

결백하게 살아왔다
진흙탕에 빠질까
두렵지 않다

먼 소식

녹음이 점점 저물어 가는
멧비둘기 울음이 명주실낱 같다

멀리서 소식 끊겼던 아들이 돌아왔다

젊은 가을 저녁

사람이 사람을 구원할 수 없다고
골목길 너머 흐린 불빛들이
막다른 길의 맨발을 씻겨 주었다

친연親緣

눈초롱꽃이 말똥말똥하다
할 말 다 잇지 못하고 떠나는
초승달이 자꾸 뒤를 돌아본다

어머니가 신록처럼 다녀가셨다

귀가 열려 있다

숨은 멎었어요
못다 한 말 다 하세요

여울이 여울을 불러
폭포 소리가 되어

다 듣고 있어요

보리밭 너머

마른번개가 두 번 지나갔다
당신 어깨가 출렁거렸고
강물이 흘러갔다

문신文身

새가 날아간 다음
오금이 저리다
심장이 쩌릿쩌릿하다
오랜 아주 오랜 말 한 마디의
발길이 차다

연꽃

열세 살에 집을 나섰다

뜬구름만 잡다가 뜬구름 되어
고추잠자리 몇 마리 자고 갔다

더불어 늙어버린 해와
함께 살고 있다

파꽃

상견례도 치르지 못하고

막내고모는 보릿고개를 넘지 못했다

자전自轉

천왕봉 능선길보다
아랫길이 흥겹다

그 아래서
소 먹이고
나무하러 다니고
하류로 돌아다녔다

백로白露

하안거夏安居를 보내고 떠났다
매미들 울음이 텅 빈 집을 지키는

저녁이 마당에 이슬을 놓아 먹이기 시작했다

잔설 殘雪

눈이 멀어지자 눈은 멎었다

배추흰나비 한 마리
이불을 개어 놓고 나온다

아무도 몰랐다

햇살이 장독에 담아두고 싶은 비밀
첫눈이 장독에 담아두고 싶은 비밀
보슬비가 장독에 담아두고 싶은 비밀
샛바람이 장독에 담아두고 싶은 비밀

조등弔燈

냇가로 나왔다

그믐달이 보름달에 가 있다

사타구니 골목

적들 쳐부수는 전쟁통이 지나가고
먼 데서 거친 파도가 돌아오는 밤
아이들은 이불을 뒤집어쓰고
잠이 든 어린 등대를 부여잡았다

떡갈나무 숲

부엉이 우는 소리 문틈으로
솟을대문을 열어놓는다

아랫마을 골목들 아장아장
걸어 들어와 밤새
놀다 가라고

2부

입춘立春

평화가 슬퍼할 리 없잖아

얼음장을 깨는
앞산 뒷산
화음和音들
새벽을 깨우러 뛰어다니는
발걸음이 바쁘다

탕아蕩兒

이제
서로 참회하고 속죄하자고

거품에 물러있는 고인 물결이
뼈들 부서진 온몸을 들여다보는
봄밤

응달

발길이 닿지 않는 등 뒤
시퍼렇게 뜨고 있는 두 눈
차고 서럽고 두렵다
비장한 소리까지 들린다

새순이 나온다

송곳니가 비뚤 비뚤 솟아 나와도,
송곳 송곳 어여쁜,
젖먹이들이 말을 걸어온다

밥

산수유나무 꽃그릇 다 비우고
늦둥이들의 입으로
죄 없는 비를 받아먹는다
배가 불러도
밤새 받아먹는다

밥그릇이 다 비었는데도
밥 달라고
잎을 내민다

깃발

이제 갈 길이 달라져도 좋다

연두의 머리띠 두르고
꽃 천지 이루는 그날까지

물소리 밥통

칼칼해진 물소리를
잉어 떼가 올라와 빡빡 빨고 있다
물 밑바닥 구름빵 조각
산골에서 함께 당도한 멧비둘기 울음까지
빡빡 긁어 먹는다
명치끝이
굳세고 먹먹해지는
그늘이 깊고
물소리가 다 비었다

그늘

나뭇가지 징검다리를
눈감고 뛰어다니는 어린 햇살들아,
웃통을 벗어 던지고 건너다니는 봄바람들아,

눈들이 많다
아주 위험한
입들이 많다

눈물샘

직박구리들이 울고 날아간다
눈물을 받아 안고
산문山門은
저녁까지 울었다

고요공장

공장을 세운다
세쌍둥이 나비들 채용하고
꽃들의 미소와
침묵의 향기로
굴뚝을 올리고
푸른 연기를 피워 올려
헛소문들은 접근금지
대낮이 부처꽃탑을 쌓는다

북

멀리 가까이 쇠백로 둘러서 있다
옴짝달싹할 수 없는 장막을 둘러친
사랑의 텅 빈 가슴을 쳐서
쇠백로 한 마리 날려 보낸다

달방

달이 자고 나갔다
박꽃이 피고 질 때까지
한평생을 살았다

저녁 식탁

어데고
상가 왔어요
빨리 와라
밥 같이 안 묵나

나, 낼 내려 간다

비를 기다리는 폭포소리를 듣다

나팔꽃

비가 오락가락
무릎이 시리다
더 올라가야 하나
외로움에 입술까지 파래졌다

어린 나무 옆에서

비가 그쳤나 보다
키가 얼마나 컸나
어디 보자

멀리 눈을 뜨고
정정당당 뿌리를 내리고
밖은 두려워 마라

이슬

가을바람이 숨이 멎었나
적막이 선뜻하다

어디쯤 그의 배는 가고 있을까

양털 구름

저 영혼과 같은 웃음의 방

아무도 자고 갈 사람이 없구나

그날

느릅나무 늙은 아랫배 속에 들어가 숨어 있을 때,

바람 앞에 갈대숲이 나그네새 되어 날고 싶을 때,

반달이 오막살이가 되고 싶을 때,

희망이 절망의 바다가 될 때,

봄바람

거기, 누구냐

요놈들,
요 못된 놈들,
게 섰거라
다시는 연두의 볼살 꼬집지 말거라

네 그림자 밟고
고양이가 넘어가는 초승달이 뜬다

3부

화관花棺

멀리 길이 끝나는 절명絶命 너머로
무리 지어 배롱나무 꽃들이 투신한다

온몸을 받아 안고
강물이 입을 맞춘다

구름 뒤에서

눈을 뜨고 못 본 척
귀를 열고도 못 들은 척
번개 치는 말도 잊은 척

목이 말라 길을 더듬다
뒷산이 죽비를 맞다

왼쪽

별들이 왜 기울어질까
밥을 먹을 때도
옷을 입을 때도
왼쪽으로 미끄러져 가슴을 치는 걸까

비탈길이 잘 버티고 산다

묵언수행 默言修行

슬퍼할 겨를도 없다
이를 악물고 갔다
시비도 없이 강을 건너서 갔다

꽃이 피듯이
그가 돌아왔다

파장罷場

살덩이 달아오른 쇠를 달구던 대장간 뒤
멀리 콩콩 콩꽃이 튀는 콩밭이 있었다

거울

저 달에는 눈이 없다
나의 눈으로 너의 얼굴을 만지는
죄밖에

문득, 스쳐 가다

너도바람꽃이
당신에게서 피어나서

산골물이
바다로 간다

이 사랑의 근육을 어이하랴
저 먼 한라 큰엉겅퀴꽃도 활짝이겠다

천둥

 누군가 당신 곁에서 울고 있다면 잊고 한동안 가지 않았던 사잇길이 옆에 다가와 서 있기 때문이라고 말하라

사월이 오면

바다에 빠진 해야,
엄마, 엄마, 불러다오

바다에 빠진 달아,
아빠, 아빠, 불러다오

중천中天

그 후 61년이 지난 어느 날이었다

그래, 이게 운명이다
아무도 울지 않았다

1945년 8월 6일 히로시마, 몸속 태아를 껴안은 어머니는 방공호로 뛰어 들어갔다

망망대해 茫茫大海

당신을 놓지 않으려고 애를 태우던 봄바람이었다가
눈이 시려도 서로 얼굴 바라보는 보름달 거울처럼 살다가
하루 해가, 또 하루 해가 저물었다

노랑지빠귀 날다

황혼이 먹먹해질 때까지

서로를 미워하는 자들과
너무 오래 지냈다

곁눈

격분하지 말고

잠자리 햇살이 탱글탱글
참깨눈들 웃음이 자글자글하다

천리향 필 때

붉고 푸른 사립문 지나
웃음소리 간간이 들리는 주상절리
검고 희디흰 시선들이 따갑다

멀리 간 향기가 등을 떠밀다

외설악

신록에서 초록까지
울 만큼 울었다
칼바람도 피리 소리다
다시 일어나 가서
동해 달항아리 떠오르면
당신 머리 위에 얹어주리라

숨비소리

왜 지금 와서
북을 치면
어찌하란 말이냐구요

칠십 년이 넘었어요
엄마 아빠 얼굴이
숨찬 파도에 떠올라 와도
바다 밑바닥에 다시 밀어 넣고
밀어 넣고 살아왔다구요

고개

울음이 저녁에 깃들어 오더라도

파도가 가슴에 파고들어 오더라도

바람이 눈물에 잦아들지라도

태백준령 위풍당당 내 등뼈에 올라탄 고개여

어서 가자

한반도

오늘은 날이 쾌청하여
우리 남해의 먼동을 들쳐서 업고
압록강 넘어 요동으로 가서
우리 노을이나 한 짐 지고 올까나

천의 天衣

마지막 날에

울지 말아요, 하느님
살아온 날들이
먼 무지개 데려와 눈부시나 봐요
당신에게서 날아가는 새들이 천사 같아요

동해가 두만강에게

천천히
서둘지 말고
다급해 하지 말고
심호흡을 하면서 오는 거야
오래 서로 안고 살다가
썰물도 되고
밀물이 되는 거야
큰 파도가 되어
부둥켜안고 울지만 말고
흩어져 오지 말고 함께 오는 거야
이념에 빠지지 말고
카랑카랑한 지난날의 뼈의 이야기로 살면서
청진 함흥 앞바다
원산 명사십리 해당화
속초 강릉 묵호 임원 울진 영일만 앞바다 돌고 돌아서
대한해협이 되고
태평양이 되는 거야
시대를 역습하여

남태평양으로도 돌고
돌고 돌아서 잊히고 사라졌던
명태 오징어 고등어 고래 떼 잘 키우며 사는 거야
그래서
그래서
천천히 흩어지지 말고
함께 오라는 거야

공동경비구역

사람들이 집으로 모두 돌아간 천변

식구들 모두 잠든 꿈속의 다락방

늦잠꾸러기 천둥도 들어와 잠드는 몸

저녁 바다의 가족

 산골물이었을 때 나는 태아였다네 심산유곡의 탯줄에서 한 살 두 살 세 살 지나서 성년을 맞는다네 콧날이 우뚝해지고 목덜미가 길어지고 미성과 미색을 지닌 냇물이 된다네 우둑우둑 소나기를 맞고 강물이 된다네 흥에 겨워서 살다가 장년이 되는 동안 허리가 나오고 배도 불룩한 배꼽 바위에서 새들도 기른다네 철새들의 고향이 되어 북극으로 떠나간 아들딸들 한평생 그리워한다네 하구에 다다르면 갈대숲으로 바다를 불러와 다시 식솔을 늘린다네 철새들도 알을 품고 자식들 불려서 또 다른 고향으로 떠나가 버리면 빈 몸 되어 푸른 눈을 뜨는 새벽 바다로 나가서 먼 선조들에서부터 어머니 아버지를 만나러 헤맨다네 해가 지면 누대의 이산상봉 등대에서 눈물로 반짝인다네 먼 산골물 후손들도 기다리며 산다네

4부

물소리가 바랑을 메고

눈을 반쯤 감고
절벽은
앞산 뒷산과
울울정정
벼랑은
묵언수행 중

멀리서 물소리가 바랑을 메고 올라온다

중턱

정상까지 오르지 않아도
절정이다
웃통을 벗고 올라가는 막내가 된 단풍숲
더 기어 올라가
풍요한 가슴 위에 물들어 간다

다시 울다

중백로 가랑가랑 내리는 눈물에 뺨을 부비니
가랑비 다시 숨 죽이며 울겠다

모항

작은 배들이 나가 돌아오기를 기다린다
어떤 배는 돌아오지 못했고
어떤 배는 돌아와 잠들었다

먼 등대

당신을 오래 바라보고 있으면
당신은 나의 바다가 되었지요

낯달

마음의 뿌리가 세상의 중심으로 뻗어가서
번개에게 매 맞으러 들어간다

신전神殿

슬픔들이 슬픔이란 슬픔을 다 이고 와서
바친다

슬픔을 따라온 사람들
슬픔에 입을 맞추고
가장 헐벗고 외로운 노래를 부른다

마지막 고백

빗소리가 조곤조곤한
골이 깊은 협곡들과
울울창창한 파랑을 넘어

천둥은 뒤에 앉아
지나온 날들에게서 걸어갈 날까지
슬픔의 길이를 재어본다

하루가 또 하루에게

가고
남는 것

바람 불다가
비가 오는 것

울음 그치고
먼 산 웃음이

가고
오는 것

그의 얼굴

험난한 계곡 하나쯤 갖고 있을 것이다

우박이 머리를 때리고 소나기가 퍼붓고
털털거리고 맞닥뜨리던 비탈길을 올라온
안개가 걷히고 수줍게 웃어 주는 굽잇길도 많았다

나이를 먹는 대낮

이곳저곳 소걸음 같은 포카라 뒷골목
수천수만 소 떼가 걸어 들어갔을 것이다
천둥이 치는 오후에는
소울음 떼가
소걸음 떼
같이
우는 곳

이 집 저 집 기웃거리던 할아버지들
이제는 다 천둥이 되었나

소가 느리게 웃으니
번개 뒤의 천둥도 천천히 운다

더 호텔 아담

인간고도 천 팔백 미터
죄가 있어야 일박할 수 있다
설산이 내려다보면
설산같이 웃어 주고
달이 의자를 내어 놓는다

악사樂士

머릿속에 새들이 깃을 치는
소가 되거나
눈 비가 되거나
코뚜레가 없는 메아리가 된다

현인賢人

해가 지기를 기다리지 마라
해가 되어서
저 산 너머
저 호수 너머
스스로 몸을 던져라

그의 미소

별들이 자고 가고
전쟁이 멈추고
죽은 이들도 깨어나는
구름이 지나가는 호수가 있다

개화開花

그는 밖으로 나왔고
그의 배는 안으로 멀어져 갔습니다

그에게 박힌 못을 빼내어
강물이 되게 하소서

그에게 묶인 새들을 풀어
하늘이 번창하게 하소서

하산 下山

전생이 좋은 하루다
번개 치고 천둥 울던
날들 지나서

북두칠성 바람꽃 바라보다가
구름 바랑 지고 왔다

설산雪山

고요만으로도 천 리 만 리 가는데
삼만 리나 달아난 번개를 깔고 앉아 있다

배꼽

해금강에 해가 빠졌다
나이를 배꼽으로 다 먹었나
아직 살아남은 동백꽃이 웃는다

여우가 지나가다

죄도 짓고
봄이 왔다
눈이 멀기도 했다
늦은 비가 지나간 부용꽃
늦둥이를 낳았다

차안此岸

사람은 가고
정든 사람은 가고

그의 배만 돌아왔다

해설

정갈하고 은은한 정신적 극점과 존재론적 귀환 과정

유성호(문학평론가, 한양대 국문과 교수)

1. 원점 회귀와 자기 완성 의지

김수복金秀福의 신작 시집 『고요공장』(서정시학, 2022)은 응축된 형식을 일관되게 택하여 시인 특유의 정갈한 사유와 심상을 담아낸 일대 도록圖錄이다. 「시인의 말」에서 시인은 "걸어온 굽잇길"을 돌아보면서 "이 중턱만큼의 동행도 행복하다."라고 고백한 바 있다. 묵묵하게 오랫동안 길을 걸어온 이가 그 길을 돌아보면서 이제 중턱만큼의 동행도 행복하다고 하는 이러한 말은 단순한 추억의 표백에 머무르지 않고 존재론적 성찰과 갱신을 소망하는 미학적, 실존적 의지를 두루 담고 있다 할 것이다. 이번 시집은 그러한 미학적, 실존적 고백을 중심에 두되 '피안'에서 시작하여 '차안'으로 돌아가는 독특한 구조를 취하고 있는데, 차안此岸에서 출발하여 도피안到彼岸하는 방식에서 벗어나 그 역행逆行을 적극적으로 선택한 것이다. 오랫동안 정신적 극점을 궁구해온 '시인 김수복'의 원점 회귀요, 짧고 견고한 언어를 통한 단호한 자기 완성 의지가 함께 표현된 것이 아닐 수 없다.

이처럼 가장 짧고 확호確乎한 양식의 김수복 시편들은 그 자체로 상상의 편폭을 넓히면서 독자들에게 대화적 손길을 활짝 내민다. 물론 그러한 형식적 특성이 새로운 미학적 전율을 일으키기 위해서는 경험의 파문을 어떻게 만드는지가 중요한 관건이 될 것이다. 그 점에서 작품의 길이는 본질이 아니다. 짧은 과잉도 있고 기나긴 결핍도 있을 것이니 말이다. 또한 심미적 관조나 순간적 정서로 담아내기에는 사회적 관계의 복합성이 커졌고 그때 시의 서술적 경향은 어느 정도 불가피할지도 모른다. 그럼에도 가장 짧은 형식을 통해 자신만의 서정시를 쓰려는 김수복의 역설적 노력은 압축과 긴장의 미학에 대한 애착을 견고하게 지키면서도, 우리가 경험할 수 있는 가장 빛나는 서정적 정수精髓로 끝없이 이어져간다. 이제 그러한 경험의 파문 속으로 조심스레 한 걸음씩 들어가 보도록 하자.

2. 실존적 구경究竟으로서의 피안

 그동안 김수복 시인은 서정의 구심적 본령을 지키면서 그것을 형식적으로 보편화하려는 의지를 끊임없이 선보여 왔다. 이는 압축과 여백의 미를 주축으로 하는 단시 흐름으로 표출되어왔다. 두루 알다시피 단형 서정시는 독자들에게 기억의 편의를 주면서 많은 앤솔러지에도 채택되어 독자들의 유력한 향수 대상이 되어주었다. 김수복의 시는 이러한 전통을 더욱 세련화하고 첨예화한 결과로 우리에게 다가온 것이다. 아닌 게 아니라 최근까지 씌어진 그의 시는 사물 사이의 균열 양상을 포괄해내는 경향과 현저하게 구별되면서 동일성에 바탕을 둔 '충만한 현재형'을 구상화하는 데 직접적 존재 근거를 두어왔다고 말할 수 있다. 이번 시집 역시 우리 시단이 거두고 있는 동일성 시학 가운데 가장 귀중한 결실로서 스스로 우뚝하다. 그것은 시인이 대상과의 동일성을 추구하는 서정 양식의 모형을 통해 자신의 생 체험과 정서를 진솔하게 담아내고 있기 때문이다. 그만큼 김수복 시인은 세계와 자아 사이의 균열에 대해 아파하면서도, 그 가운데서 삶의 궁극적 완성을 추구하는 고전주의자라고 할 수 있을 것이다. 이번 시집은 이러한 세계를 은은하게 보여주는 범례範例라고 할 것인데, 그는 그 꼭대기에서 '피안'의 세계를 아름답게 펼쳐 보여주고 있다.

> 배는 가고
>
> 빈 그만 남아 있다
>
> ―「피안彼岸」 전문

> 가을바람이 숨이 멎었나
> 적막이 선뜻하다
>
> 어디쯤 그의 배는 가고 있을까
>
> ―「이슬」 전문

번뇌에 얽매인 세계를 건너 '저 언덕'이라는 이상경에 닿는다는 뜻의 '피안'은, 초월과 구원의 형식으로 가닿는 실존적 구경究竟을 끊임없이 은유해왔다. 그런데 시인은 이 세계를 건너 저 언덕에 다다르는 형식이 아니라, 정작 저 언덕으로 건네주어야 할 '배'는 떠나고 '빈 그'가 남는 형식을 그려놓았다. '그'가 '빈 배'를 타고 물을 건너야 할 터인데 거꾸로 '배'는 가고 "빈 그"만 남은 것이다. 그 피안의 차원은 다시 말하면 "어디쯤 그의 배는 가고 있을까"를 물으면서 '이슬'의 순간적 존재론을 묻는 시인의 품을 반영하고 있다 할 것이다. 숨을 일시에 멈춘 가을바람이 선뜻한 적막과 함께 내려놓은 '이슬'이야말로 '빈 그'의 물리적 등가 형식인지도 모른다. 이처럼 김수복 시인은 자신의 시적 출발이자 궁극의 지경地境인 '피안'을 향하여 철저하게 비움의 형식으로 접근해간다. "길이 끝나는 절명絶命 너머로"(「화관花棺」) 울려오는 "오랜 아주 오랜 말 한 마디"(「문신文身」)가 피안으로부터 들려오는 듯하다. 다음은 어떠한가.

> 당신을 오래 바라보고 있으면
> 당신은 나의 바다가 되었지요
> —「먼 등대」 전문

> 작은 배들이 나가 돌아오기를 기다린다
> 어떤 배는 돌아오지 못했고
> 어떤 배는 돌아와 잠들었다
> —「모항」 전문

'시인 김수복'의 궁극적 지향이기도 한 2인칭 '당신'은 오래 바라보고 있으면 그대로 "나의 바다"가 되어주는 존재이다. 이러한 화법을 가능하게 해 준 '먼 등대'의 존재는

'배'는 떠나고 '빈 그'만 남은 피안의 상태를 물리적으로 상상하게끔 해 준다. 또한 "작은 배들이 나가" 돌아오기를 기다리다가 어떤 배는 돌아오지 못하고 어떤 배는 돌아와 잠든 것을 받아들이는 '모항母港'도 '빈 그'와 근사치를 이루면서 삶의 구심과 원심, 채움과 비움, 바라봄과 다가옴, 떠남과 돌아옴의 진자 운동을 함께 수행하고 있다. "울음 그치고/먼 산 웃음이//가고/오는 것"(「하루가 또 하루에게」) 또한 그러한 우주의 리듬이 충일하게 반영된 표현일 것이다. 그러니 시인으로서는 "정상까지 오르지 않아도/절정"(「중턱」)이 가능하다고 노래할 수 있었을 것이다.

서정 양식이 길어 올리는 언어는 지나온 삶에 대한 사실적 재현을 욕망하지 않고 시인 자신의 현재적 시선에 의해 선택되고 구성된 어떤 열망을 노래하게 마련이다. 그 점에서 김수복 시인이 선택하고 배열하는 짧은 언어들은 시인이 열망하는 삶의 궁극적 가치를 환하게 보여준다. 이러한 시인의 언어는 지금 자신이 잃어버리고 살아가는 가장 아름다운 원형에 대한 그리움에서 발원되는 것으로서, 단순한 나르시시즘을 넘어, 존재론적 기원起源을 탐구하는 품을 넓게 보여주는 것이다. 나아가 그는 지상의 존재자들을 안아들이면서 삶의 아름다움에 대한 가없는 기대와 소망을 내비친다. 기원의 탐색을 통해 스스로에게는 중요한 성찰의 계기를 만들어내고, 독자들에게는 사유와 감각을 응축하고 비본질적인 언어 맥락들을 배제하는 단형 서정의 정점을 경험하게끔 해주는 것이다. 그러한 절제된 형식의 언어를 통해 시인은 피안에서 자신의 시적 의지를 출발시키고 있다.

3. 근원적 질서를 통해 발견하는 우주적 생명력

다음으로 우리는 김수복 시인이 탐사해가는 절절한 생명의 시학을 발견하게 된다. 시인은 폐허와 절멸의 시대에 견딤과 위안을 주는 치유와 긍정의 기록을 단정하게 들려준다. 물론 그것은 상처의 기억을 묻으면서 생명에 대한 소망으로 그의 존재 형식을 바꾸어가는 역동적 과정일 것이다. 그만큼 그의 시는 지난날들을 호명하면서 그 안에서 생명으로 나아가려는 강렬한 의지를 보여준다. 이러한 긍정의 시쓰기는 인간의 근원적 존재 형식에 대한 가열한 탐구 작업으로 이어져가면서, 시인으로 하여금 암시와 초월을 주음主音으로 삼으면서도 삶의 구체적 면모를 집약해가는 미학을 축조하게끔 도와준다. 따라서 김수복의 시는 근원적 질서의 연결망을 통해 발견하는 우주적 생명력의 실천만으로도 우리 시단의 중요한 귀감이자 선

례가 되어줄 것이다.

> 눈초롱꽃이 말똥말똥하다
> 할 말 다 잇지 못하고 떠나는
> 초승달이 자꾸 뒤를 돌아본다
>
> 어머니가 신록처럼 다녀가셨다
>
> ―「친연親緣」 전문

> 저 달에는 눈이 없다
> 나의 눈으로 너의 얼굴을 만지는
> 죄밖에
>
> ―「거울」 전문

'눈초롱꽃'과 '초승달'의 상응相應 과정을 자연스럽게 '친연親緣'으로 해석하는 시인의 감각은, 생명이란 이렇게 호혜적으로 연결되어 있으면서 서로를 존재 증명하는 유기적 전체임을 알려준다. 할 말 다 잇지 못하고 다녀가신 '어머니'는, 마음으로 부처를 기억하면 부처도 중생을 기억한다는 '친연'의 다른 뜻을 품으시면서, 신록 같은 생명력의 보배로운 속성을 암시해주신다. 그러한 자연 사물들을 비추는 '거울' 속에서 시인은 눈이 없는 달의 얼굴을 "나의 눈으로" 만지고 있다고 고백하는데, 그러한 사랑의 '죄'야말로 생명 가진 것들의 상호 공존의 미학을 펼쳐내는 역동적 과정인 셈이다. 그것은 가령 "여울이 여울을 불러/폭포 소리가 되어"(「귀가 열려 있다」)가는 과정이나 "묵언수행 중//멀리서 물소리가 바랑을 메고 올라온다"(「물소리가 바랑을 메고」)로 사라져가는 흐름까지 온축하면서 우리 삶의 비의秘義를 은미隱微하게 전해주고 있다 할 것이다.

> 마른번개가 두 번 지나갔다
> 당신 어깨가 출렁거렸고
> 강물이 흘러갔다
> ―「보리밭 너머」 전문

> 눈이 멀어지자 눈은 멎었다
>
> 배추흰나비 한 마리
> 이불을 개어놓고 나온다
> ―「잔설殘雪」 전문

시인의 시선에 들어온 '보리밭' 풍경은 출렁이는 강물처럼 푸르게 일렁이고 있었을 터이다. 마른번개가 지나간 후 "당신 어깨"도 그 너머로 그렇게 흘러갔을 것이다. 생명력 가득한 보리밭의 출렁임과 그 너머로 사라져간 누군가의 흔적이 느슨하게 결합하면서 시인의 감각과 사유는

풍요로운 의미망網을 만들어낸다. 또 하나의 흔적인 '잔설殘雪' 이미지는 시인의 시선("눈")이 멀어지자 맺은 "눈"의 형상을 담고 있다. "배추흰나비 한 마리/이불을 개어놓고 나온" 모습으로 나타난 잔설 이미지는 그렇게 '흰 눈'과 '흰 나비'의 연결을 자연스럽게 받아들이고 있다. 이처럼 김수복 시에서는 "머릿속에 새들이 깃을 치는/소가 되거나"(「악사樂士」), "동해 달항아리 떠오르면/당신 머리 위에 얹어주리라"(「외설악」)는 마음이 모두 하나의 몸으로 엮여 있는 셈이다.

> 햇살이 장독에 담아두고 싶은 비밀
> 첫눈이 장독에 담아두고 싶은 비밀
> 보슬비가 장독에 담아두고 싶은 비밀
> 샛바람이 장독에 담아두고 싶은 비밀
>
> ―「아무도 몰랐다」 전문

> 산수유나무 꽃그릇 다 비우고
> 늦둥이들의 입으로
> 죄 없는 비를 받아먹는다
> 배가 불러도
> 밤새 받아먹는다
>
> 밥그릇이 다 비었는데도

밥 달라고

잎을 내민다

— 「밥」 전문

　사물들의 비밀은 아무도 모르게 발원하고 완성되어간다. 장독 안으로 내려앉은 '햇살'이며 '첫눈', '보슬비', '샛바람' 등 자연 사물은 모두 생명체처럼 삶의 비밀을 구성하고 담아두는 주인공들이다. 그렇게 무생명체들도 자연의 호혜적 질서를 구축하는가 하면, 봄날 '산수유나무'도 꽃들을 떠나보내고 "늦둥이들의 입"으로 "죄 없는 비"를 밤새 받아먹음으로써 또 하나의 질서를 만들어간다. 이처럼 사물들이 채워가는 '장독'과 비워내는 '밥그릇'이야말로 김수복 시학의 구심과 원심을 그대로 웅변하면서 "얼음장을 깨는/앞산 뒷산/화음和音들"(「입춘立春」)을 들려주는 듯하다. 그 화음 속에서 우리는 "슬픔들이 슬픔이란 슬픔을 다 이고 와서/바친"(「신전神殿」) 자연의 신성한 움직임을 발견하거니와, 시인의 탁월한 장인적 솜씨에 의해 그것들은 "미소와/침묵의 향기로"(「고요공장」) 전해지고 있는 것이다.

　주지하듯 자연은 인위적인 시간 단위에 의해 지배받지 않고 운행한다. 그것은 가장 직접적인 경험과 기억 안에 존재하면서 우리 몸에 새겨진 선명한 영상을 집적한 물리적 거소居所로서 다가온다. 그래서 자연의 운행에 대한 감각은 대체로 경험적이며 과거 소급적이게 마련이고, 그만큼 인생론적 화두로 전이되기 쉬운 속성을 띤다. 이러한 근원적 질서의 연결망을 통해 김수복 시인은 우주적 생명의 아름다움을 노래해간다. 짧고 여운 있는 언어로써 그러한 자신의 시적 기획을 완성해가는 것이다. 이때 그의 시는 시간적으로는 태초에서 영원까지를 포괄하고, 공간적으로는 소소한 흔적으로부터 무한까지를 상상해간다. 말하지 않음으로써 의미의 충만함을 에둘러 표현하는 이러한 목소리야말로 암시와 초월의 상상적 개입을 통해 우리가 잃어버린 아우라(Aura)를 소환해내는 가장 강력한 방법이 되어주는 것이다.

4. 공동체의 기억을 바탕으로 한 미래 지향성

우리가 경험하고 인지하는 시간 형식 가운데 가장 공유점이 큰 표상은 아무래도 '역사'일 것이다. 우리의 경험이나 기억은 자연스럽게 개인의 것과 집단의 것이 서로 상응하고 길항하는 곳에서 형성되게 마련이고, 그 접점에서 형성된 형상들은 한결같이 문학적 보편성을 확보하면서 펼쳐져 왔다. 이러한 미학적 접점에 대한 시적 관심은 개인과 공동체의 공유된 경험들을 순연한 시적 반응으로 끌어오곤 했다. 김수복 시인은 이번 시집에서 원숙한 사유와 감각으로 서정시의 위의威儀를 지키면서도 그 안에 역사의식으로 충일한 시선을 담아가고 있다. 그동안 축적해 온 사유 방식과 그 안에 견고하게 담아온 진정성이 공동체의 기억을 소환하는 힘으로 나타난 것이다. 우리는 이러한 미학의 한 극점을 따라가면서 그의 발화가 우리로 하여금 역사적 경험을 매개함으로써 삶의 저류底流를 들여다보게끔 해주는 순간을 만나게 된다.

    바다에 빠진 해야,
    엄마, 엄마, 불러다오

    바다에 빠진 달아,
    아빠, 아빠, 불러다오

—「사월이 오면」 전문

    오늘은 날이 쾌청하여
    우리 남해의 먼동을 들쳐서 업고
    압록강 넘어 요동으로 가서
    우리 노을이나 한 짐 지고 올까나

—「한반도」 전문

4월 남녘 바다에서 일어난 비극적 사건을 다시 한 번 불러오면서 시인은 "바다에 빠진 해"에게는 "엄마, 엄마," 를 "바다에 빠진 달"에게는 "아빠, 아빠," 하고 불러달라고 한다. 사월이 오면, 들려오지 않던 목소리들이 그렇게 환청처럼 바다를 적실 것이다. 바다에 빠진 '해'와 '달'은 아직도 우리 머리 위에서 스스로의 조도照度와 열도熱度를 가지고 움직이고 있을 것이다. 또한 시인은 '한반도'라는 지명이자 거대한 상징이자 실록實錄을 향해 호환하기 어려운 장대한 스케일의 언어를 부여해간다. 쾌청한 날 "남해의 먼동"을 들쳐업고 "압록강 넘어 요동으로" 가자고 하는 것이다. 그래서 "우리 남해의 먼동"은 새삼 "우리 노을"로 연결되면서 우리 민족의 오래된 역사를 떠올리게 해준다. 이는 우리의 역사적 현실에 대한 "비장한 소리까지"(「응달」) 들려오는 한순간을 이렇게 부조浮彫한 것이다. 비원悲願과 소망을 동시에 품은 김수복의 시가 빛을 발하는 순간이다. 그리고 시인은 이번 시집에서 드물게 긴 다음 시편을 통해 그러한 목소리의 결정結晶을 남긴다.

　　천천히
　　서둘지 말고
　　다급해 하지 말고

심호흡을 하면서 오는 거야

오래 서로 안고 살다가

썰물도 되고

밀물이 되는 거야

큰 파도가 되어

부둥켜안고 울지만 말고

흩어져 오지 말고 함께 오는 거야

이념에 빠지지 말고

카랑카랑한 지난날의 뼈의 이야기로 살면서

청진 함흥 앞바다

원산 명사십리 해당화

속초 강릉 묵호 임원 울진 영일만 앞바다 돌고 돌아서

대한해협이 되고

태평양이 되는 거야

시대를 역습하여

남태평양으로도 돌고

돌고 돌아서 잊히고 사라졌던

명태 오징어 고등어 고래 떼 잘 키우며 사는 거야

그래서

그래서

천천히 흩어지지 말고

함께 오라는 거야

― 「동해가 두만강에게」 전문

'동해'가 '두만강'에게 전하는 목소리를 빌린 이 시편은

서두르지 말고 천천히 심호흡을 하면서 "오래 서로 안고" 썰물도 되고 밀물도 되면서 살자는 내용을 담고 있다. 때로 파도가 되어 부둥켜안고 때로 함께 가면서 동해는 두만강에게 "뼈의 이야기로 살면서" 청진 함흥 앞바다나 원산 명사십리 해당화를 거쳐 남쪽으로 흘러 대한해협으로 태평양으로 흘러가자고 한다. "사라졌던/명태 오징어 고등어 고래 떼"까지 키우며 "천천히 흩어지지 말고/함께 오라는" 마음은 그대로 "태백준령 위풍당당 내 등뼈에 올라탄 고개"(「고개」)를 바라보며 나아갈 남과 북의 진취적인 모습을 담은 것이다. "옴짝달싹할 수 없는 장막"(「북」)을 부수면서 "전쟁이 멈추고/죽은 이들도 깨어나는"(「그의 미소」) 시간을 앞당기고자 하는 시인의 화법이 융융하기만 하다.

이처럼 김수복의 시는 인간의 삶에 지속적인 영향을 끼쳐온 공동체의 기억을 되살리면서 그것의 가장 이상적인 방향을 예시한다. 말할 것도 없이, 서정시는 우리 삶 속에 편만해 있는 폭력에 우회적으로 저항한다. 폭력이 남긴 환부를 드러내고 그에 대한 치유의 상상력을 발휘함으로써 부당한 힘들의 전횡과 그 결과를 폭로하는 것이다. 그리고 소외된 이들의 삶에 관심을 기울이고 타자를 적극적 주체로 옹립하고 옹호하게 된다. 김수복의 시는 역사에 가해진 유형무형의 폭력을 견디고 넘어서면서 그 기억을 새로운 차원의 공동체적 꿈으로 바꾸어가는 사례로도 선명하다. 공동체의 기억을 바탕으로 한 미래 지향성이 그 안에 생동하고 있는 것이다.

5. 가장 심원한 차원으로의 귀환

한편으로는 존재론적으로 한편으로는 공동체적으로 펼쳐진 김수복의 시는 궁극의 지향으로 '차안'을 꿈꾸어간다. 개인의 기원과 공동체의 고통, 그럼에도 불구하고 지속될 수밖에 없는 그리움의 에너지를 충일하게 노래한 결과일 것이다. 그는 자신이 써가는 '시'야말로 삶의 구체적 표현이요 내밀한 심정 토로의 양식이라고 믿으면서도, 그 안에서 소용돌이치는 기억에 생성의 열정을 부가하는 모습을 또렷하게 각인해간다. 이때 시인은 사라져가는 존재자들을 환기하면서 지나온 시간을 되돌릴 수 없다는 한계 의식과 어김없이 찾아오는 그리움을 동시에 노래한다. 아니 어쩌면 그러한 기억 자체가 인간 실존을 드러내는 과정일 것이기도 할 터이다. 잃어버린 세계를 순간적으로 탈환하면서 새로운 세계로 나아가려는 의지를 보여준 이번 시집은 그러한 의미에서 서정의 원적原籍으로서의 사유와 감각을 충실하고도 확장적으로 구축한 사례로 남을 것이다. 그가 궁극적으로 가닿은 가장 심원한 차원에 다가가 보자.

> 해가 지기를 기다리지 마라
> 해가 되어서
> 저 산 너머
> 저 호수 너머
> 스스로 몸을 던져라
>
> ─「현인賢人」 전문

> 그는 밖으로 나왔고
> 그의 배는 안으로 멀어져 갔습니다
>
> ─「개화開花」 중에서

시인은 '현인賢人'이야말로 해지기를 기다리지 않고 스스로 해가 되어 산과 호수를 넘어 스스로 몸을 던지는 존재임을 선언한다. 그때 비로소 '그'는 밖으로 나오고 '그의 배'는 안으로 멀어져 갈 것이니까 말이다. 그러한 현인의 환생을 열망하고 다짐하면서 김수복 시인은 "멀리 눈을 뜨고/정정당당 뿌리를 내리고/밖은 두려워"(「어린 나무 옆에서」)하지 말 것을 스스로에게 되뇌고, "마음의 뿌리가 뻗어가는 세상의 중심"(「낮달」)이 있음을 더없이 강조한다.

"명치끝이/굳세고 먹먹해지는"(「물소리 밥통」) 순간, 그리고 "황혼이 먹먹해질 때"(「노랑지빠귀 날다」) 비로소 또렷해지는 가장 심원한 차원이 환하게 펼쳐지는 것이다. 그것을 일러 시인은 '차안'이라고 했고, 결국은 그렇게 지상으로 귀환한다.

> 사람은 가고
> 정든 사람은 가고
>
> 그의 배만 돌아왔다
>
> ― 「차안此岸」 전문

사람과 만나 사람은 가고, 더욱이 정든 사람은 가고서 시인은 "돌아온 그의 배"를 바라보고 있다. 아마도 '빈 그'는 다시 그 배를 타고 노를 저어 도차안到此岸할 것이다. "북두칠성 바람꽃 바라보다가"(「하산下山」) 다시 내려온 길에서 시인은 이렇게 "사랑의 근육"(「문득, 스쳐가다」)을 만나고 "뼈들 부서진 온몸을 들여다보는"(「탕아蕩兒」) 지상으로 돌아와 "험난한 계곡 하나쯤 갖고 있을"(「그의 얼굴」) 일상과 역사를 다시 응시하는 것이다. 그 응시의 힘이 앞으로 김수복의 시를 개척해갈 것이다.

결국 김수복 시인은 자신에 대한 성찰과 사물에 대한

발견을 통해, 삶의 본원에 가닿은 사람만이 가질 수 있는 존재론적 귀환 과정을 보여주었다. 그리고 시간이 갈수록 점증漸增하는 지혜를 통해 정신적 차원을 오롯이 높여가는 서정시의 원초적이고 궁극적인 몫을 함께 보여주었다. 사라져가는 것들에 대한 사랑의 끈을 통해 자신이 살아온 지상을 껴안으면서 그 시간에 대해 고유한 의미를 부여해간 것이다. 그 시간이 남긴 문양이야말로 그의 시가 품어낸 가장 중요한 원질일 것이다.

우리가 읽어온 것처럼, 김수복 시인은 이번 시집에서 자신의 미학적 수원水源을 원초적 시간으로부터 구축하여 가장 먼 시간으로 확장해가는 도정을 보여주었다. 오랫동안 경험해온 지상의 기억에 항구성을 부여해간 것이다. 이처럼 한 시인의 오랜 기억을 기록한 짧고 선명한 서정시는, 삶이 이성에 의해 진화하는 것이 아니라 초월적 지혜를 통해 새로운 질서를 구축해가는 것임을 충일하게 알려준다. 시인은 이러한 서정시의 기율을 남김없이 충족하면서 미학적 정점을 이루어간 것이다. 우리가 상실한 삶의 표지標識들을 복원함으로써 시대의 불모성에 대한 항체를 아름답게 각인하였고, 이러한 미학의 최종 심급을 단아하고 집중성 있는 단형 서정의 형식 아래 성취함으로써 은은하게 번져오는 수일秀逸한 미학을 보여주었다. 소리

높여 외치지 않고, 단정한 사유를 아름다운 시편들로 들려준 것이다. 그래서 우리는, 이러한 정갈하고 은은한 정신적 극점과 존재론적 귀환 과정을 보여준 탁월한 성취를 딛으면서, 김수복 시인이 우리 시단을 더욱 밝히고 출렁이게 할 따뜻하고도 밝은 지남指南으로 남아주기를, 마음 깊이 소망해보는 것이다.